PINK

PINK

PINK

NEW YORK

KUSTOM

www.ingramcontent.com/pod-product-compliance
Lightning Source LLC
Chambersburg PA
CBHW072046230526
45468CB00019B/238
* 9 7 8 1 9 8 1 6 7 4 5 0 3 *